52

파에톤과 태양 마차

주니어RHK

신화의 가치

신화는 한 민족의 기원이나 역사적 · 종교적 · 문화적 삶의 모습을 보여 주는 옛이야기입니다. 주로 신과 영웅에 관한 이야기가 많고, 오랫동안 입에서 입으로 전해 내려왔다는 특징이 있지요.

우리가 살펴볼 그리스 로마 신화는 고대 그리스와 로마에 전해 오는 신화와 전설을 한데 묶은 것입니다. 그리스 로마 신화는 고대의 삶을 엿보게 해 주는 문화유산일 뿐만 아니라, 세계 여러 나라의 문학과 미술에 큰 영향을 끼쳤습니다. 하지만 문화적 가치만큼이나 중요한 것이 또 있습니다. 오래된 옛이야기이면서도 거기에 담긴 교훈적 가치가 오늘날에도 여전히 쓸모 있고 중요하다는 사실입니다.

놀랍지 않나요? 수천 년 전의 이야기가 어떻게 과학 문명이 고도로 발달한 오늘날에도 통하는 것일까요? 그것은 바로 그리스 로마 신화에 나오는 신과 영웅의 모습이 오늘날 우리의 모습과 다르지 않기 때문입니다. 신들도 우리처럼 분노하고, 질투하고, 실수를 하지요. 그런 모습을 보면서 우리는 깔깔 웃거나 눈물을 흘리고, 교훈과 감동을 얻습니다. 우리가 그리스 로마 신화를 읽어야 하는 까닭이 바로 이것입니다.

신화의 세계로 떠날 여러분에게 한마디 덧붙이자면, 신화는 우리에게 끝없는 상상력을 요구한다는 점입니다. 신화 속에는 수많은 은유와 상징이 곳곳에 널려 있지요. 따라서 신화를 읽을 때에는 상상력을 최대한 발휘하여 신화 속에 숨겨진 의미를 찾고, 그것을 자기 나름대로 재해석하는 과정이 필요합니다. 이렇게 읽었을 때에야 비로소 여러분 앞에 놀라운 삶의 이야기가 펼쳐질 것입니다.

자, 그럼 흥미진진한 신화의 세계 속으로 함께 떠나 볼까요?

'어린 꼬마가 감히 헬리오스 님의 태양 마차를 몰겠다고?'

파에톤의 말에 헬리오스의 궁전은 아수라장이 됩니다.

파에톤은 제우스도 몰지 못하는 태양 마차를

무슨 수로 몰겠다고 하는 것일까요?

과연 파에톤은 무사히 태양 마차를 몰고 돌아올 수 있을까요?

주요 등장인물

제우스

올림포스 신들의 왕으로 하늘과 벼락의 신이에요. 파에톤 때문에 땅이 불바다가 된 것을 보고 파에톤에게 번개를 던져요.

데메테르

대지와 곡물, 농업의 여신으로, 인간들로부터 많은 존경을 받아요. 불타는 땅을 구해 달라고 제우스를 찾아가요.

헬리오스

티탄 족 히페리온과 테이아의 아들로 올림포스의 신들보다 오래된 신이에요. 태양신으로서 매일 아침마다 불꽃에 싸인 말이 끄는 마차를 타고 하늘을 가로지르며 세상에 빛을 비추어요.

파에톤

태양신 헬리오스의 아들이에요. 제우스도 끌기 어려운 헬리오스의 마차를 끌고 이리저리 다니다가 땅 위에 온갖 피해를 끼쳐요. 그러다가 제우스의 번개를 맞고 마차에서 떨어져 죽고 말아요.

클리메네

헬리오스와의 사이에서 파에톤과 파에톤의 누이들을 낳았어요. 파에톤이 어느 정도 자라자, 출생의 비밀과 헬리오스의 궁전 위치를 알려 주어요.

1
아들의 소원

"좋다, 파에톤. 어쩔 수 없구나. 네 소원을 들어주겠다.
그 대신 내가 말하는 것들을 잊지 말아라."
헬리오스의 말에 파에톤은 날아갈 듯이 기뻤습니다.

"아버지의 태양 마차를 하루만 몰게 해 주세요."

헬리오스는 얼굴 가득 번져 있던 미소를 거두고 굳은 얼굴로 물었습니다.

"파에톤, 너의 소원이 무엇이라고 했느냐?"

"아버지가 날마다 모는 태양 마차를 단 하루만 제가 몰게 해 주세요. 태양 마차를 몰고 친구들에게 가면 모두 제가 태양신의 아들이라는 것을 믿게 될 거예요. 그러면 두 번 다시 저를 놀리지 못할걸요?"

파에톤의 *당돌한 말에 신들은 놀라서 할 말을 잃었습니다.

*당돌한 꺼리거나 어려워하는 마음이 없이 야무지고 다부진.

“파에톤, 그건 있을 수 없는 일이다. 태양 마차는 아무나 끌 수 있는 게 아니야. 더구나 너처럼 어린 아이가 태양 마차를 끄는 날에는 큰일이 나고 말아.”

“아버지, 태양신의 아들이 태양 마차를 한 번도 못 타 봤다고 하면 제가 태양신의 아들이라는 걸 누가 믿어 주겠어요?”

헬리오스는 너무나도 엄청난 소원을 말한 파에톤을 말려 보려고 애썼습니다.

“파에톤, 이 태양 마차는 신들의 왕 제우스도 끌 수 없단다. 부탁이니 제발 다른 소원을 말해 보렴. 세상에서 가장 큰 부자가 되고 싶지 않니? 아니면 가장 지혜로운 사람이 되게 해 줄까?”

“그런 건 필요 없어요. 저는 태양 마차를 타고 친구들한테 가서 내가 진짜 태양신의 아들이라는 것을 보여 주고 싶어요. 그러면 모두 나를 우러러볼 테니까 말이에요.”

“파에톤, 네 마음은 알겠다만 태양 마차를 끄는 것은 쉬운 일이 아니란다. 태양은 날마다 정해진 길을 정확하게 가야 해. 그리고 정해진 길을 가다가도 도중에 방해꾼들을 만난단다. 커다란 황소가 콧김을 내뿜으며 공격을 하기도 하고, *반인반마가 활을 겨누기도 하지. 전갈과 게의 날카로운 집게발도 피해 가야 하는데 네가 그걸 할 수 있겠느냐?”

*반인반마 반은 사람이고, 반은 말의 모습을 한 괴물. 여기서는 성질이 난폭한 켄타우로스를 일컬음.

태양 마차를 모는 헬리오스

〈태양 마차를 모는 태양신〉 안토니오 마리아 비아니

천장에 그려진 태양 마차를 모는 헬리오스의 모습이에요. 붉은 망토를 휘날리며 머리에서 환한 빛을 내뿜는 헬리오스가 한 손에 채찍을 들고 있어요. 네 마리의 말이 끄는 태양 마차를 모는 헬리오스의 모습이 늠름해요. 뭉게구름을 박차며 힘차게 나아가는 흰 말들은 생동감이 넘쳐요.

태양 마차를 모는 일은 제우스조차 넘볼 수 없는 위험하기 짝이 없는 일이었습니다. 헬리오스는 힘들게 만난 사랑하는 아들을 그런 위험에 빠뜨리고 싶지 않았습니다.

"하지만 아버지, 전 아버지의 아들입니다. 정말로 잘할 수 있어요. 조금 전에 스틱스 강에 *맹세하지 않으셨나요? 저의 소원은 무엇이든 들어준다고 말이에요."

파에톤은 조금도 뜻을 굽히려 하지 않았습니다.

***맹세** 일정한 약속이나 목표를 꼭 실천하겠다고 다짐함.

"그러니 하는 말이다. 너의 연약한 힘으로는 말을 모는 *고삐조차 제대로 쥘 수 없을 것이다. 네가 만일 자칫 길을 잘못 들어 태양이 제 길에서 벗어나는 날에는 온 세상에 커다란 혼돈이 올 거야."

파에톤은 헬리오스가 하는 말을 귀담아 듣지 않았습니다. 그저 태양 마차를 타서 온 세상 사람들에게 자기가 태양신의 아들이라는 것을 알리고 싶은 생각뿐이었습니다.

*고삐 말이나 소를 몰거나 부리려고 재갈이나 코뚜레, 굴레에 잡아매는 줄.

"아버지, 저는 다른 것은 필요 없어요. 저의 소원은 태양 마차를 모는 것 하나뿐입니다. 친구들에게 똑똑히 보여 줄 거예요. 내가 태양신의 아들 파에톤이라는 것을 말이에요."

헬리오스는 아무리 이야기해도 통하지 않을 것이라는 걸 알았습니다.

'내가 어쩌자고 스틱스 강에 맹세를 했던가?'

헬리오스는 섣불리 스틱스 강에 맹세를 한 자신을 원망했습니다.

“좋다, 파에톤. 어쩔 수 없구나. 네 소원을 들어주겠다. 그 대신 내가 말하는 것들을 잊지 말아라.”

헬리오스의 말에 파에톤은 날아갈 듯이 기뻤습니다.

“아버지, 분명 허락하셨어요. 이제 그 녀석들 코를 납작하게 만들어 주겠어요. 제가 아버지의 태양 마차를 몰다니! 이게 꿈은 아니겠죠?”

파에톤은 태양 마차를 몰 생각을 하니 가슴이 두근거렸습니다.

파에톤은 태양 마차를 모는 일이 얼마나 어려운 일인지도 모른 채 그저 태양 마차를 몰게 되었다는 기쁨에 마냥 즐거워했습니다.

2
하늘을 나는 파에톤

“하늘을 나는 것은 정말 멋진 일이로구나.
태양 마차를 타겠다고 하길 잘한 것 같아.
태양 마차를 모는 일도 별로 어렵지 않은걸?”

새벽의 신 에오스와 밤의 신 셀레네는 헬리오스의 누이들로, 이들 세 남매가 열심히 일을 하는 덕분에 해가 뜨고 지는 하루가 되풀이됩니다. 세 남매 중 어느 하나라도 일을 하지 않으면 낮과 밤의 흐름이 엉망이 되지요. 그래서 이들 남매는 하루도 쉬지 않고 성실하게 일을 했습니다.

이날도 어김없이 에오스가 어둠을 거두고 하늘을 밝히자, 밤의 별들도 희미해졌습니다.

이것은 헬리오스의 태양 마차가 하늘로 나갈 시간이 되었다는 뜻이었습니다. 헬리오스가 파에톤과 밤 새워 이야기를 나누는 사이 벌써 태양이 떠오를 때가 된 것입니다. 헬리오스는 오늘처럼 하늘의 문이 열리지 않기를 바랐던 적이 없었습니다.

"벌써 시간이 이렇게 되었군. 파에톤, 그럼 나를 따라오너라."

헬리오스는 *근심 가득한 얼굴로 파에톤을 태양 마차가 있는 곳으로 데리고 갔습니다.

***근심** 해결되지 않은 일 때문에 속을 태우거나 우울해함.

새벽을 여는 에오스

〈에오스〉 장 마르크 나티에

새벽의 신 에오스를 그린 그림이에요. 에오스는 헬리오스가 나가기 전에 밤을 거두고 아침이 오는 것을 알리는 일을 해요. 장밋빛 손가락으로 어둠의 장막을 거두고, 하얀 날개를 펄럭여서 온 세상에 희미한 빛을 뿌린답니다. 머리 위에 달린 작은 별은 아침이 오기 전에 잠시 볼 수 있는 샛별을 나타내는 것 같아요. 흰 옷과 파란 망토가 서늘한 새벽녘의 느낌을 전해 주고 있어요.

"파에톤, 이것이 네가 탈 태양 마차이다."

태양 마차는 온통 황금으로 꾸며져서 번쩍번쩍 빛이 났습니다. 보석과 황금이 박힌 아름다운 태양 마차의 모습에 파에톤은 넋을 잃고 말았습니다.

"아버지, 이렇게 아름다운 마차는 처음 봐요. 이걸 제가 탄다니, 꿈만 같아요."

"파에톤, 내가 여태껏 말하지 않았느냐? 이 태양 마차는 결코 재미로

타는 것이 아니라는 걸 명심해라. 태양 마차가 얼마나 중요한 일을 하는지 너도 잘 알지 않느냐! 그리고 태양 마차를 모는 일은 정말 위험하단다. 제발 침착하고 신중하게 마차를 몰도록 해라."

헬리오스의 태양 마차

헬리오스의 태양 마차는 헤파이스토스가 만들었으며 황금으로 되어 있어요. 뼈대와 바퀴 모두 황금이지요. 말을 모는 사람이 타는 곳에는 감람석과 금강석이 무수히 박혀 있었는데, 이는 태양빛을 온 세상에 더 많이 비추기 위해서지요. 또 이 태양 마차를 끄는 네 마리의 말들에게도 저마다 이름이 있답니다, 피로이스, 에오오스, 아에톤, 플레곤. 모두 불꽃이나 불, 빛에서 유래된 이름이지요.

헬리오스는 마냥 들떠 있는 파에톤을 보니 걱정이 앞섰습니다. 그래서 더욱 차근차근 파에톤에게 주의할 것들을 일러 주었습니다.

"파에톤, 내 말을 잘 들어라. 이것이 마지막 당부이다. 네가 너무 낮게 날면 뜨거운 햇볕 때문에 대지의 모든 것들이 불타 버릴

것이고, 너무 높게 날면 추위 때문에 성장을 멈추고 죽어 버릴 것이다. 그러니 적당한 높이를 유지하면서 날도록 해라.”

“예, 아버지. 아버지께서 일러 주신 대로 할게요. 아무 일 없이 돌아올 테니 걱정 마세요.”

“고삐를 놓치지 말고 말들에게 채찍을 함부로 휘두르지 마라. 채찍을 함부로 휘두르면 말들이 화를 내고 제멋대로 날뛸 거야. 제발 무사히 돌아와 다오.”

파에톤은 헬리오스의 걱정을 아는지 모르는지 생글생글 웃으며 신 나서 태양 마차에 올라탔습니다.

서서히 동쪽 하늘의 문이 열렸습니다. 파에톤은 고삐를 쥐고 하늘을 올려다보았습니다.

"이랴!"

파에톤의 외침과 함께 네 마리의 말들이 동쪽 하늘을 향해 날아올랐습니다. 드디어 파에톤이 태양 마차를 타고 하늘을 날게 된 것입니다.

"아! 내가 하늘을 날고 있어! 아버지, 소원을 들어주셔서 고맙습니다."

파에톤은 뒤를 돌아다보며 외쳤습니다.

"파에톤, 절대로 고삐를 놓쳐서는 안 된다!"

헬리오스는 멀어지는 파에톤을 보며 마지막까지 당부의 말을 잊지 않았습니다.

네 마리의 말들은 불을 내뿜으며 하늘을 향해 힘차게 날아올랐습니다.

어찌나 빠르게 달리는지
파에톤이 다시 뒤를 돌아보았을 때는
아버지도, 황금 궁전도 보이지 않았습니다.

파에톤은 구름 사이를 한참 달리다가 얼마나 높이 올라왔는지 보려고 아래를 내려다보았습니다. 높은 하늘에서 보니 모든 것이 장난감처럼 너무나 작게 느껴졌습니다.

"하늘을 나는 것은 정말 멋진 일이로구나. 태양 마차를 타겠다고 하길 잘한 것 같아. 태양 마차를 모는 일도 별로 어렵지 않은걸? 가만있자. 여기가 어디쯤일까?"

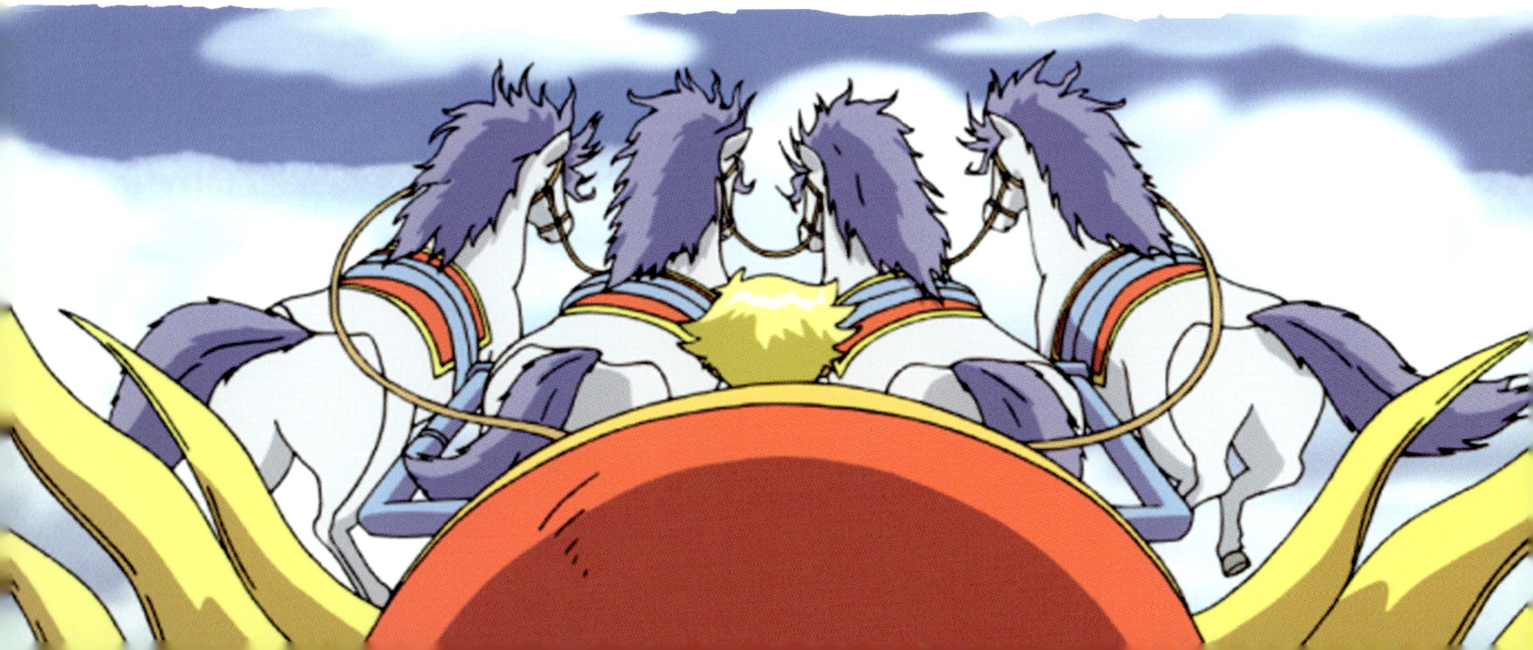

아래를 내려다보던 파에톤의 눈에 익숙한 마을이 보였습니다. 그곳은 바로 파에톤이 사는 마을이었습니다.

“어, 우리 마을이잖아. 그 못된 녀석들한테 내가 태양신의 아들이라는 증거를 보여 줄 좋은 기회다. 내려가서 태양 마차를 자랑해야지.”

파에톤은 고삐를 당겨 말들이 마을 쪽으로 내려가게 했습니다. 하늘에서 조금 내려와 낮게 날아가니 작게나마 사람들의 얼굴이 보였습니다.

“저 녀석들 저기 모여 있군. 이제 두 번 다시 나한테 아무 말도 못 하게 나의 이 멋진 모습을 보여 줘야겠다.”

파에톤은 언덕 위에 모여 있는 친구들을 향해 조금 더 아래로 내려갔습니다. 그런데 태양 마차가 평소보다 훨씬 낮게 날자, 마을의 날씨는 한여름보다 더 뜨거워졌습니다. 마을 사람들은 저마다 덥다고 난리였습니다.

"아유, 더워. 갑자기 날이 왜 이렇게 덥지?"

파에톤은 헬리오스가 주의를 준 것도 잊고, 자신이 태양 마차에 탄 모습을 친구들에게 보여 주려고 점점 아래로 내려갔습니다.

"애들아, 여길 봐! 나라고, 파에톤! 태양신의 아들 파에톤이 태양 마차를 끌고 왔다고!"

파에톤은 큰 소리로 외쳤지만, 마을 사람들이나 친구들에게 그 소리가 들릴 리 없었습니다. 또한 엄청난 빛에 둘러싸인 태양 마차를 똑바로 보는 것도 불가능했습니다. 친구들은 파에톤이 태양 마차에 타고 있는 줄은 꿈에도 모른 채 놀기에 바빴습니다.

사람들은 태양이 점점 땅과 가까워지자 깜짝 놀랐습니다.

"저길 봐, 태양이 우리 쪽을 향해 다가오고 있는 것 같아."

"야, 위험해! 도망가자!"

파에톤의 친구들도 태양이 자신들이 있는 곳으로 다가오자 모두 도망을 가 버렸습니다.

"얘들아, 이것 봐! 나라고! 나 태양신의 아들 파에톤이 태양 마차를 타고 왔단 말이야!"

파에톤은 도망가는 친구들의 뒤를 쫓아 점점 더 마을 가까이 내려갔습니다. 그러자 마을에 있는 산에 그만 불이 붙고 말았습니다.

"불이야! 불이야!"

마을 사람들은 산에 불이 난 것을 보고 깜짝 놀라 외쳤습니다.

'이런! 나 때문에 산에 불이 붙었잖아. 아버지께서 절대로 낮게 날아서는 안 된다고 하셨는데 친구들 때문에 깜빡 잊고 말았군. 어서 위로 올라가야겠어.'

불이 난 것을 본 파에톤은 그제야 헬리오스의 말이 떠올랐습니다. 그래서 원래 궤도로 가려고 다급히 고삐를 풀었습니다.

"어서 다시 위로 올라가자!"

네 마리의 말들은 파에톤이 갑자기 고삐를 풀며 재촉하자 놀라서 히힝 울더니 하늘 위로 *허겁지겁 날아올랐습니다.

말들은 *서툰 솜씨로 자신들을 다루는 파에톤 때문에 신경이 날카로워졌습니다. 숨을 내쉴 때마다 콧구멍에서 불을 내뿜었고 거칠게 숨을 몰아쉬었습니다.

***허겁지겁** 조급하게 몹시 서두르는 모양.
***서투르다** 일 따위에 익숙하지 못하여 다루기에 설다.

3
궤도를 벗어난 태양 마차

당황한 파에톤은 고삐를 어느 쪽으로 잡아당겨야 할지 몰라

우왕좌왕했고 말들도 방향을 잃고 헤맸습니다.

"아버지, 대체 어찌해야 한단 말입니까?"

“가만 있자, 아버지께서 이쯤에 갈라진 작은 길이 있다고 하셨는데…….”

파에톤은 헬리오스가 알려 준 길을 찾으려고 이리저리 두리번거렸습니다. 그때였습니다. 뒤에서 으르렁하는 소리와 함께 엄청나게 큰 사자가 태양 마차를 덮치려 했습니다.

“너는 누구기에 나의 낮잠을 깨우느냐!”

파에톤이 모는 태양 마차가 길을 잃고 이리저리 움직이는 바람에 하늘에 있던 사자의 낮잠을 방해한 것이었습니다. 화가 난 사자는 발톱을 날카롭게 세우고 태양 마차를 향해 달려들었습니다. 파에톤은 사자를 피하려고 서둘러 고삐를 당겼습니다.

'아, 여기가 아버지가 말씀하신 황도 십이궁이로구나. 별자리들의 공격을 피해 잘 지나가야 할 텐데…….'

파에톤이 사자를 겨우 따돌리고 한숨을 돌리는데, 이번에는 황소가 저쪽에서 콧김을 씽씽 뿜으며 태양 마차 쪽으로 달려왔습니다. 파에톤은 갑자기 공격을 해 오는 별자리들을 피하느라 정신이 없었습니다.

황도대와 황도 십이궁

하늘에서 태양이 지나는 길에 포함된 지역인 황도대는 열두 개의 별자리로 나뉘어요. 이것을 '황도 십이궁'이라고 부르지요. 황도 십이궁은 대부분 동물 이름이 붙어 있고, 거기에는 전해 내려오는 전설이 하나씩 있어요.

열두 개의 별자리 이름은 사자자리, 황소자리, 게자리, 물고기자리, 전갈자리, 양자리, 천칭자리, 염소자리, 처녀자리, 궁수자리, 쌍둥이자리, 물병자리랍니다.

당황한 파에톤은 고삐를 어느 쪽으로 잡아당겨야 할지 몰라 *우왕좌왕했고 말들도 방향을 잃고 헤맸습니다.

“아버지, 대체 어찌해야 한단 말입니까?”

파에톤은 점점 흐려지는 정신을 붙잡으려고 애를 썼습니다. 그런데 이번에는 집게발을 딱딱 부딪치며 독침을 바짝 세운 전갈이 태양 마차를 향해 다가왔습니다.

“어! 안 돼! 오지 마!”

전갈은 태양 마차 바로 뒤까지 바짝 따라붙었습니다.

*우왕좌왕하다 이리저리 왔다 갔다 하며 일이나 나아가는 방향을 종잡지 못하다.

당황한 파에톤은 아주 세게 고삐를 잡아당겼고 놀란 말들은 하늘로 솟구쳐 올랐습니다. 말들이 어찌나 난폭하게 날뛰는지 파에톤은 중심을 제대로 잡을 수가 없었습니다. 결국 파에톤은 고삐를 놓치고, 태양 마차에서 떨어지고 말았습니다.

"으악, 살려 줘!"

파에톤이 아무리 소리를 질러도 그곳에는 파에톤을 도와줄 사람이 아무도 없었습니다. 고삐 풀린 말들은 마구 날뛰었고 별자리들 사이로 추락하던 파에톤은 다행히 아래로 *곤두박질하던 태양 마차 위로 떨어졌습니다.

"휴, 겨우 살았다. 하지만 어떻게 다시 저 고삐를 잡지?"

파에톤은 팔을 뻗어 이리저리 휘날리는 고삐를 잡으려 했습니다. 하지만 말들이 사방으로 날뛰어서 도무지 잡을 수가 없었습니다.

"이제 정말 어쩌면 좋지? 아버지, 제발 저를 다시 땅으로 돌려보내 주세요. 아, 내가 왜 태양 마차를 몰겠다고 했을까!"

파에톤은 태양 마차를 몰겠다고 고집을 부린 것이 몹시 후회되었습니다. 파에톤은 자신이 어디로 향하고 있는지도 알 수 없었습니다. 파에톤이 놓친 고삐는 이리저리 휘날리다가 말들의 엉덩이를 찰싹찰싹 때렸고, 이것을 채찍질로 생각한 말들은 더욱 사납게 날뛰며 자기들 멋대로 날아갔습니다.

***곤두박질하다** 몸이 뒤집혀 갑자기 거꾸로 내리박히다.

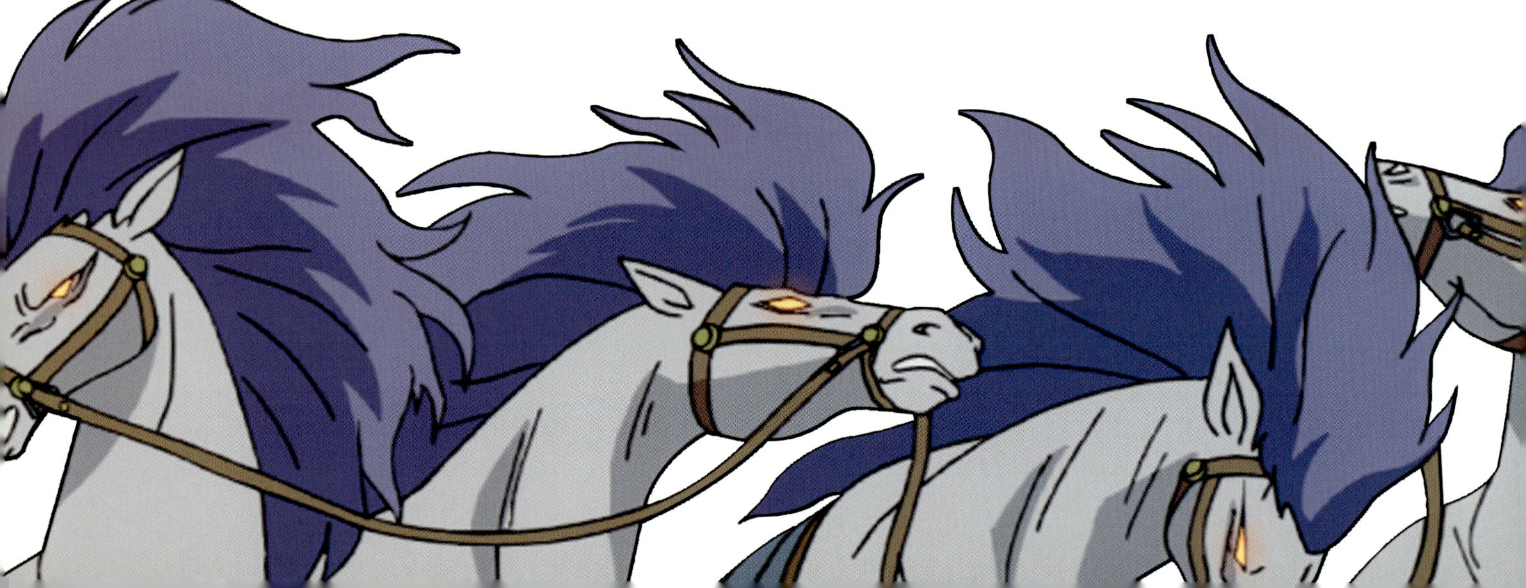

4
추락하는 파에톤

"아니, 마차에 탄 저 아이는 도대체 누구란 말이오?

어째서 헬리오스가 아니라

처음 보는 꼬마가 마차를 몰고 있는 거지?"

태양 마차는 이리저리 날뛰는 말들 때문에 지나치게 낮게 날기도 하고 지나치게 높게 날기도 했습니다.

태양 마차가 땅과 가까워지면 땅 위의 기온은 급격하게 높아져 강의 물이 모두 마르고, 들판에 있는 곡식이 말라 죽었습니다. 사람들은 *재앙이 왔다고 생각했습니다.

"태양이 떨어지고 있다! 모두 도망쳐!"

푸른 숲과 들판은 불길에 휩싸여 잿더미가 되고, 도시에 세워진 성곽과 집들도 모조리 불에 탔습니다.

특히 *에티오피아 지역은 산과 들에 불이 나고, 기름지던 땅은 거칠고 쓸모없는 땅으로 변해 버렸습니다. 그리고 그것도 모자라 사람들의 피부와 머리카락까지 새까맣게 그을리고 말았습니다.

"세상에나! 우리 얼굴 좀 봐."

"이 머리카락 좀 보라고. 도대체 이게 무슨 일이란 말인가?"

*재앙 뜻하지 않게 생긴 불행한 사고.
*에티오피아 아프리카 동쪽에 있는 나라.

가뭄으로 괴로워하는 사람들

〈파에톤이 태양을 끄는 동안의 가뭄〉 한스 로텐함머

파에톤이 태양 마차를 끌고 땅 가까이 내려오자, 사람들이 가뭄으로 고통스러워하는 모습을 그린 그림이에요. 왼쪽 하늘에는 파에톤이 빛을 내며 날아가고 있고, 땅 위의 사람들은 태양을 바라보며 두 팔을 벌리고 물을 달라고 청하고 있어요. 앞쪽에 쓰러져 있는 사람들도 가뭄으로 몹시 지쳐 보여요.

하지만 파에톤은 땅 위에서 무슨 일이 벌어지고 있는지 전혀 몰랐습니다. 어떻게 하면 마차를 세우고 땅으로 내려갈 수 있을까 그 걱정뿐이었지요. 하지만 이리저리 날뛰는 말들 때문에 파에톤은 그만 정신을 잃고 말았습니다. 그러는 사이 말들은 태양 마차를 제멋대로 끌고 다니며 온 세상을 불바다로 만들었습니다.

대지의 여신 데메테르는 이 광경을 보고 몹시 화가 났습니다.

"어째서 나의 아름다운 산과 강이 모두 불바다가 되어 버린 것이냐!"

데메테르는 그 이유를 알아내려고 곧바로 제우스를 찾아갔습니다.

"제우스 님, 저길 보세요. 제가 아끼는 땅과 곡식이 모두 불타고 있습니다. 태양신에게 아무래도 무슨 일이 생긴 것 같아요."

"아니, 이게 어떻게 된 일이오?"

깜짝 놀란 제우스는 입을 다물지 못했습니다.

"헬리오스가 이런 실수를 할 신이 아닌데 도대체 무슨 일이 생긴 거지?"

"어쩌면 헬리오스가 아닌 다른 누군가가 마차를 끌고 있는지도 몰라요. 어쨌든 빨리 이 문제를 해결해 주세요. 인간들이 엄청나게 고통 받고 있다고요."

제우스는 처음 보는 광경에 할 말을 잃은 채, 서둘러 태양 마차를 찾기 시작했습니다.

제우스와 데메테르는 곧 이리저리 날뛰고 있는 태양 마차를 찾아냈습니다. 그런데 태양 마차 안에는 헬리오스가 아닌 어린아이가 타고 있었지요.

"아니, 마차에 탄 저 아이는 도대체 누구란 말이오? 어째서 헬리오스가 아니라 처음 보는 꼬마가 마차를 몰고 있는 거지?"

그때 옆에 나타난 아폴론이 대답했습니다.

"저 아이는 헬리오스의 아들 파에톤입니다."

제우스는 도무지 이해할 수가 없었습니다.

"어찌하여 헬리오스는 자기 아들을 태양 마차에 태웠단 말이냐? 저 자리가 얼마나 중요하고 위험한 자리인지 누구보다 잘 알면서……."

제우스는 신중하고 성실한 헬리오스가 어째서 이런 일을 벌였을까 궁금했습니다.

"제우스 님, 도대체 언제까지 보고만 계실 거예요? 어서 저 태양 마차를 멈춰 주세요. 그러지 않으면 온 세상이 불바다가 되고 말겠어요."

"알겠소, 데메테르. 아무리 헬리오스의 아들이라지만 감히 신의 영역을 넘보다니, 맹랑한 꼬마 같으니라고! 내 당장 태양 마차를 세우리다!"

제우스는 두 팔을 높이 들어 태양 마차를 향해 번개를 힘껏 던졌습니다. 번개는 하늘을 가로질러 태양 마차와 파에톤에게 내리꽂혔습니다. 번개를 맞은 태양 마차는 산산이 부서졌고 말들은 뿔뿔이 흩어졌습니다.

태양 마차에 타고 있던 파에톤은 피하지도 못하고 불꽃에 휩싸여 아래로 떨어졌습니다. 에리다노스 강의 신은 파에톤을 가엾게 여겨 그의 몸을 받아 주었습니다. 불 붙었던 파에톤의 몸은 강에 떨어지고 나서야 열기가 식었습니다. 하지만 그의 목숨은 이미 끊어지고 난 뒤였습니다.

5
어머니와 누이들

클리메네의 딸들은 순식간에 피부가 나무껍질로 뒤덮이고,
다리는 나무 줄기로, 팔은 나뭇가지로 변해 버렸습니다.
딸들은 파에톤이 그토록 그리던 태양을 향해
두 팔을 벌린 채 포플러 나무가 되었습니다.

파에톤이 제우스의 번개를 맞고 강으로 떨어졌다는 소식은 클리메네의 귀에도 들어갔습니다.

"흑흑! 파에톤! 불쌍한 내 아들아! 어째서 네가 그런 무서운 화를 입었단 말이냐? 내가 그 아이를 말렸어야 했는데……."

클리메네와 그녀의 딸들은 파에톤을 찾으려고 온종일 강가를 뒤졌습니다. 클리메네는 아들의 죽음이 도저히 믿기지 않았습니다. 클리메네는 너무나 큰 슬픔에 목 놓아 울부짖었습니다.

"파에톤, 도대체 어디 있느냐? 마지막 모습이라도 보여 다오."

클리메네는 강가에 무릎을 꿇고 앉아 강의 신에게 빌었습니다.

"강의 신이시여! 부디 파에톤과 저를 불쌍히 여기시고 파에톤을 제 품으로 돌아오게 해 주세요."

강의 신에게 기도를 올리며 슬프게 울고 있는 클리메네와 딸들 앞에 강의 신 에리다노스가 나타났습니다.

"클리메네여, 내가 파에톤이 있는 곳을 알고 있다. 강둑을 따라 올라가 보아라. 햇볕이 잘 드는 강둑 어딘가에 파에톤이 영원히 잠들어 있을 것이다."

"그게 정말입니까? 감사합니다."

클리메네는 흐르는 눈물을 닦고 딸들과 함께 강둑을 따라 올라갔습니다. 걷다 보니 햇볕이 잘 드는 자리에 정말로 작은 무덤과 비석이 세워져 있었습니다. 클리메네는 무덤에 엎드려 하염없이 눈물을 흘렸습니다.

"파에톤, 무사히 돌아오겠다고 나와 약속을 해 놓고 어째서 이런 모습으로 돌아온 것이냐! 이제 이 어미는 어찌 살라고……."

클리메네와 딸들은 날이면 날마다 강둑으로 찾아가 파에톤의 죽음을 슬퍼했습니다. 특히 누이들은 언제까지나 파에톤과 함께 할 것이라 다짐하며 그의 죽음을 *애도했습니다.

*애도하다 사람의 죽음을 슬퍼하다.

그러던 어느 날, 파에톤의 무덤을 지키던 클리메네가 딸들과 함께 집으로 돌아가려 할 때였습니다. 갑자기 큰딸이 소리를 질렀습니다.

"어머니, 발이 떨어지지 않아요!"

"그게 무슨 말이냐?"

작은딸도 외쳤습니다.

"어머니, 저도 발이 떨어지지 않아요. 그리고 머리에서 나뭇잎이 나고 있어요!"

클리메네의 딸들은 순식간에 피부가 나무껍질로 뒤덮이고, 다리는 나무 줄기로, 팔은 나뭇가지로 변해 버렸습니다. 딸들은 파에톤이 그토록 그리던 태양을 향해 두 팔을 벌린 채 포플러 나무가 되었습니다.

파에톤을 그리워하며 흘린 그녀들의 눈물은 강으로 떨어져 호박이라는 보석이 되었고, 이 보석은 나중에 여성들이 몸을 치장하는 장신구로 쓰였답니다.

나무로 변하는 파에톤의 누이들

〈파에톤의 누이들〉 산티 디 티토

강가에서 슬퍼하던 파에톤의 누이들이 포플러 나무로 변하는 순간을 표현했어요. 손끝과 머리에서 나뭇잎이 자라나고 있어요. 헬리오스의 아들과 딸을 가리켜 '헬리아데스'라고 하는데, 파에톤의 누이들도 헬리아데스였답니다. 이 그림에는 파에톤을 잃은 슬픔에 헬리아데스가 괴로워하는 모습이 잘 나타나 있어요.

신화 OLYMPUS GUARDIAN 뒷이야기

파에톤은 감히 헬리오스가 모는 태양 마차를 몰겠다고 나섭니다. 그 일은 신들의 아버지 제우스조차 할 수 없는, 오로지 태양신 헬리오스만이 할 수 있는 일인데도 말입니다.

파에톤은 왜 다른 것도 아닌 태양 마차를 몰겠다고 했을까요? 헬리오스의 능력을 빌어 세상에서 가장 큰 부자가 될 수도 있고, 누구에게도 뒤지지 않는 지혜로움을 가질 수도 있었습니다. 그런데 이 모든 것을 마다하고 태양 마차를 몰겠다고 나선 것은 그것이 자신이 '할 수 없는 일'이었기 때문일 것입니다. 파에톤은 친구들의 코를 납작하게 해 주려고 누구도 할 수 없는 일을 해 보고 싶었던 것입니다.

하지만 파에톤의 이 선택은 끔찍한 혼란과 결과를 가져옵니다. 신화는 이 이야기를 통해 신들이 할 수 있는 일과 인간이 할 수 있는 일이 엄연히 나눠져 있다는 것을 다시 한 번 확인시켜 줍니다. 그것을 사람에 국한시켜 말하면, 사람도 저마다 할 수 있는 일이 다 다르니 각자 자신의 분수를 지키며 살라고 충고하고 있는 것입니다.

아이들은 때때로 어른들이 하는 것을 모두 하고 싶어 합니다. 또 어른들만 할 수 있는 일에 호기심을 갖기도 합니다. 어른들은 이럴 때 확실하게 선을 그어 주어야 할 것입니다. 사람은 주어진 나이에 할 수 있는 일이 따로 있으니, 지금 자신이 할 수 있는 것에 최선을 다하고 나중에 할 수 있는 일은 그때 도전하고 성취하라고 이야기해 주는 것이 좋지요. 그러지 않으면 파에톤처럼 불행한 일을 겪게 될 수도 있으니 말입니다.

올림포스 신들의 계보

크로노스 + 레아
하데스
지하 세계의 왕
포세이돈
바다의 신
제우스
신들의 왕
헤라
신들의 여왕,
제우스의 아내
헤스티아
난로 · 불의 여신
데메테르
대지의 여신
아테나
지혜 · 전쟁의 여신
제우스 + 메티스
아폴론
의술 · 음악의 신
제우스 + 레토
아르테미스
사냥 · 순결의 여신
아스클레피오스
의술의 신
아레스
전쟁의 신
제우스 + 헤라
헤파이스토스
대장간의 신
제우스 + 디오네
아프로디테
헤파이스토스의 아내,
미의 여신
에로스
사랑의 신
헤르메스
신들의 전령,
상업의 신
제우스 + 마이아
디오니소스
술의 신
제우스 + 세멜레
페르세포네
하데스의 아내
지하 세계의 여왕
제우스 + 데메테르

⚜ 그리스 로마 신화 주요 인물의 이름 ⚜

그리스 어	로마 어	영어
가이아	텔루스	
니케	빅토리아	나이키, 빅토리
데메테르	케레스	세레스
디오니소스	바쿠스	바커스
레아	키벨레	시벨레
아레스	마르스	마스
아르테미스	디아나	다이애나
아테나	아테네, 미네르바	
아폴론	아폴로	아폴로
아프로디테	베누스	비너스
에로스	쿠피드, 아모르	큐피드
오디세우스	울릭세스	율리시스
우라노스	카일루스	유러너스
제우스	유피테르	주피터
크로노스	사투르누스	새턴
페르세포네	프로세르피나	
포세이돈	넵투누스	넵튠
하데스	플루톤	플루토
헤라	유노	주노
헤라클레스	헤르쿨레스	허큘리스
헤르메스	메르쿠리우스	머큐리
헤스티아	베스타	
헤파이스토스	불카누스	벌컨

그리스 로마 신화 올림포스 가디언 52

파에톤과 태양 마차

펴낸이 양원석
펴낸곳 (주)알에이치코리아
등록 2004년 1월 15일 제2-3726호
주소 서울특별시 금천구 가산디지털2로 53, 20층 (한라시그마밸리)
문의전화 02)6443-8800

ISBN 978-89-255-4374-1(74800)
ISBN 978-89-255-4354-3(세트)

값 **12,800원**

원작 만화로 보는 그리스 로마 신화(가나출판사)
이광진 엮음, 홍은영 그림
명화 구입처 유로크레온(주)

※잘못된 책은 구입하신 곳에서 바꾸어 드립니다.
※책 모서리가 날카로워 다칠 수 있으니 사람을 향해 던지거나 떨어뜨리지 마십시오.